反间谍安全防范工作规定

中国法制出版社

目　　录

中华人民共和国国家安全部令

2021年第1号

《反间谍安全防范工作规定》已经2021年3月12日国家安全部部务会议审议通过，现予公布，自公布之日起施行。

部长　陈文清

2021年4月26日

反间谍安全防范工作规定

第一章　总　　则

第一条　为了加强和规范反间谍安全防范工作，督促机关、团体、企业事业组织和其他社会组织落实反间谍安全防范责任，根据《中华人民共和国国家安全法》《中华人民共和国反间谍法》《中华人民共和国反间谍法实施细则》等有关法律法规，制定本规定。

第二条　机关、团体、企业事业组织和其他社会组织在国家安全机关的协调和指导下开展反间谍安全防范工作，适用本规定。

第三条　开展反间谍安全防范工作，应当坚持中央统一领导，坚持总体国家安全观，坚持专门工作与群众路线相结合，坚持人防物防技防相结合，严格遵守法定权限和程序，尊重和保障人权，保护公民、组织的合法权益。

第四条　机关、团体、企业事业组织和其他社会会组织承担本单位反间谍安全防范工作的主体责任，应当对本单位的人员进行维护国家安全的教育，动员、组织本单位的人员防范、制止间谍行为和其他危害国家安全的行为。

行业主管部门在其职权范围内，监督管理本行业反间谍安全防范工作。

第五条 各级国家安全机关按照管理权限，依法对机关、团体、企业事业组织和其他社会组织开展反间谍安全防范工作进行业务指导和督促检查。

第六条 国家安全机关及其工作人员对履行反间谍安全防范指导和检查工作职责中知悉的国家秘密、工作秘密、商业秘密、个人隐私和个人信息，应当严格保密，不得泄露或者向他人非法提供。

第二章 反间谍安全防范责任

第七条 行业主管部门应当履行下列反间谍安全防范监督管理责任：

（一）根据主管行业特点，明确本行业反间谍安全防范工作要求；

（二）配合国家安全机关制定主管行业反间谍安全防范重点单位名录、开展反间谍安全防范工作；

（三）指导、督促主管行业所属重点单位履行反间谍安全防范义务；

（四）其他应当履行的反间谍安全防范行业管理责任。

有关行业主管部门应当与国家安全机关建立健全反间谍安全防范协作机制，加强信息互通、情况会商、协同指导、联合督查，共同做好反间谍安全防范工作。

第八条 机关、团体、企业事业组织和其他社会组织应当落实反间谍安全防范主体责任，履行下列义务：

（一）开展反间谍安全防范教育、培训，提高本单位人员的安全防范意识和应对能力；

（二）加强本单位反间谍安全防范管理，落实有关安全防范措施；

（三）及时向国家安全机关报告涉及间谍行为和其他危害国家安全行为的可疑情况；

（四）为国家安全机关依法执行任务提供便利或者其他协助；

（五）妥善应对和处置涉及本单位和本单位人员的

反间谍安全防范突发情况；

（六）其他应当履行的反间谍安全防范义务。

第九条 国家安全机关根据单位性质、所属行业、涉密等级、涉外程度以及是否发生过危害国家安全案事件等因素，会同有关部门制定并定期调整反间谍安全防范重点单位名录，以书面形式告知重点单位。反间谍安全防范重点单位除履行本规定第八条规定的义务外，还应当履行下列义务：

（一）建立健全反间谍安全防范工作制度；

（二）明确本单位相关机构和人员承担反间谍安全防范职责；

（三）加强对涉密事项、场所、载体、数据、岗位和人员的日常安全防范管理，对涉密人员实行上岗前反间谍安全防范审查，与涉密人员签订安全防范承诺书；

（四）组织涉密、涉外人员向本单位报告涉及国家安全事项，并做好数据信息动态管理；

（五）做好涉外交流合作中的反间谍安全防范工作，制定并落实有关预案措施；

（六）做好本单位出国（境）团组、人员和长期驻外人员的反间谍安全防范行前教育、境外管理和回国

（境）访谈工作；

（七）定期对涉密、涉外人员开展反间谍安全防范教育、培训；

（八）按照反间谍技术安全防范标准，配备必要的设备、设施，落实有关技术安全防范措施；

（九）定期对本单位反间谍安全防范工作进行自查，及时发现和消除安全隐患。

第十条 关键信息基础设施运营者除履行本规定第八条规定的义务外，还应当履行下列义务：

（一）对本单位安全管理机构负责人和关键岗位人员进行反间谍安全防范审查；

（二）定期对从业人员进行反间谍安全防范教育、培训；

（三）采取反间谍技术安全防范措施，防范、制止境外网络攻击、网络入侵、网络窃密等间谍行为，保障网络和信息核心技术、关键基础设施和重要领域信息系统及数据的安全。

列入反间谍安全防范重点单位名录的关键信息基础设施运营者，还应当履行本规定第九条规定的义务。

第三章　反间谍安全防范指导

第十一条　国家安全机关可以通过下列方式，对机关、团体、企业事业组织和其他社会组织落实反间谍安全防范责任进行指导：

（一）提供工作手册、指南等宣传教育材料；

（二）印发书面指导意见；

（三）举办工作培训；

（四）召开工作会议；

（五）提醒、劝告；

（六）其他指导方式。

第十二条　国家安全机关定期分析反间谍安全防范形势，开展风险评估，通报有关单位，向有关单位提出加强和改进反间谍安全防范工作的意见和建议。

第十三条　国家安全机关运用网络、媒体平台、国家安全教育基地（馆）等，开展反间谍安全防范宣传教育。

第十四条　国家安全机关会同教育主管部门，指导学校向全体师生开展反间谍安全防范教育，对参加出国（境）学习、交流的师生加强反间谍安全防范行前教育和回国（境）访谈。

第十五条 国家安全机关会同科技主管部门，指导各类科研机构向科研人员开展反间谍安全防范教育，对参加出国（境）学习、交流的科研人员加强反间谍安全防范行前教育和回国（境）访谈。

第十六条 国家安全机关会同有关部门，组织、动员居（村）民委员会结合本地实际配合开展群众性反间谍安全防范宣传教育。

第十七条 国家安全机关会同宣传主管部门，协调和指导广播、电视、报刊、互联网等媒体开展反间谍安全防范宣传活动，制作、刊登、播放反间谍安全防范公益广告、典型案例、宣传教育节目或者其他宣传品，提高公众反间谍安全防范意识。

第十八条 公民、组织可以通过国家安全机关12339举报受理电话、网络举报受理平台或者国家安全机关公布的其他举报方式，举报间谍行为和其他危害国家安全的行为，以及各类反间谍安全防范问题线索。

第十九条 国家安全机关应当严格为举报人保密，保护举报人的人身财产安全。未经举报人同意，不得以任何方式公开或者泄露其个人信息。

公民因举报间谍行为或者其他危害国家安全行为，本人或者其近亲属的人身安全面临危险的，可以向国家安全机关请求予以保护。国家安全机关应当会同有关部门依法采取保护措施。

第二十条　对反间谍安全防范工作中取得显著成绩或者做出重大贡献的单位和个人，符合下列条件之一的，国家安全机关可以按照国家有关规定，会同有关部门、单位给予表彰、奖励：

（一）提供重要情况或者线索，为国家安全机关发现、破获间谍案件或者其他危害国家安全案件，或者为有关单位防范、消除涉及国家安全的重大风险隐患或者现实危害发挥重要作用的；

（二）密切配合国家安全机关执行任务，表现突出的；

（三）防范、制止间谍行为或者其他危害国家安全行为，表现突出的；

（四）主动采取措施，及时消除本单位涉及国家安全的重大风险隐患或者现实危害，挽回重大损失的；

（五）在反间谍安全防范工作中，有重大创新或者成效特别显著的；

（六）在反间谍安全防范工作中做出其他重大贡献的。

第四章　反间谍安全防范检查

第二十一条　国家安全机关对有下列情形之一的，经设区的市级以上国家安全机关负责人批准，并出具法律文书，可以对机关、团体、企业事业组织和其他社会组织开展反间谍安全防范检查：

（一）发现反间谍安全防范风险隐患；

（二）接到反间谍安全防范问题线索举报；

（三）依据有关单位的申请；

（四）因其他反间谍安全防范工作需要。

第二十二条　国家安全机关可以通过下列方式对机关、团体、企业事业组织和其他社会组织的反间谍安全防范工作进行检查：

（一）向有关单位和人员了解情况；

（二）调阅有关资料；

（三）听取有关工作说明；

（四）进入有关单位、场所实地查看；

（五）查验电子通信工具、器材等设备、设施；

（六）反间谍技术防范检查和检测；

（七）其他法律、法规、规章授权的检查方式。

第二十三条 经设区的市级以上国家安全机关负责人批准，国家安全机关可以对存在风险隐患的机关、团体、企业事业组织和其他社会组织的相关部位、场所和建筑物、内部设备设施、强弱电系统、计算机网络及信息系统、关键信息基础设施等开展反间谍技术防范检查检测，防范、发现和处置危害国家安全的情况。

第二十四条 国家安全机关可以采取下列方式开展反间谍技术防范检查检测：

（一）进入有关单位、场所，进行现场技术检查；

（二）使用专用设备，对有关部位、场所、链路、网络进行技术检测；

（三）对有关设备设施、网络、系统进行远程技术检测。

第二十五条 国家安全机关开展反间谍技术防范现场检查检测时，检查人员不得少于两人，并应当出示相应证件。

国家安全机关开展远程技术检测，应当事先告知被检测对象检测时间、检测范围等事项。

检查检测人员应当制作检查检测记录，如实记录检查检测情况。

第二十六条 国家安全机关在开展反间谍技术防范检查检测中，为防止危害发生或者扩大，可以依法责令被检查对象采取技术屏蔽、隔离、拆除或者停止使用相关设备设施、网络、系统等整改措施，指导和督促有关措施的落实，并在检查检测记录中注明。

第二十七条 国家安全机关可以根据反间谍安全防范检查情况，向被检查单位提出加强和改进反间谍安全防范工作的意见和建议，督促有关单位落实反间谍安全防范责任和义务。

第五章 法律责任

第二十八条 机关、团体、企业事业组织和其他社会组织违反本规定，有下列情形之一的，国家安全机关可以依法责令限期整改；被责令整改单位应当于整改期限届满前向国家安全机关提交整改报告，国家安全机关应当自收到整改报告之日起十五个工作日内对整改情况进行检查：

（一）不认真履行反间谍安全防范责任和义务，安全防范工作措施不落实或者落实不到位，存在明显问题隐患的；

（二）不接受国家安全机关反间谍安全防范指导和检查的；

（三）发生间谍案件，叛逃案件，为境外窃取、刺探、收买、非法提供国家秘密、情报案件，以及其他危害国家安全案事件的；

（四）发现涉及间谍行为和其他危害国家安全行为的可疑情况，迟报、漏报、瞒报，造成不良后果或者影响的；

（五）不配合或者阻碍国家安全机关依法执行任务的。

对未按照要求整改或者未达到整改要求的，国家安全机关可以依法约谈相关负责人，并将约谈情况通报该单位上级主管部门。

第二十九条 机关、团体、企业事业组织和其他社会组织及其工作人员未履行或者未按照规定履行反间谍安全防范责任和义务，造成不良后果或者影响的，国家安全机关可以向有关机关、单位移送问题线索，建议有关机关、单位按照管理权限对负有责任的领导人员和直接责任人员依规依纪依法予以处理；构成犯罪的，依法追究刑事责任。

第三十条 国家安全机关及其工作人员在反间谍安全防范指导和检查工作中，滥用职权、玩忽职守、徇私舞弊的，对负有责任的领导人员和直接责任人员依规依纪依法予以处理；构成犯罪的，依法追究刑事责任。

第六章 附 则

第三十一条 本规定自公布之日起施行。

国家安全部有关负责人就《反间谍安全防范工作规定》答记者问

国家安全部26日公布《反间谍安全防范工作规定》，自公布之日起施行。对此，国家安全部有关负责人就《反间谍安全防范工作规定》的有关问题回答了记者的提问。

问：为什么要制定规定？

答：制定规定是防范化解国家安全风险、维护我国国家安全和利益的现实需要。当前，境外间谍情报机关和各种敌对势力对我渗透窃密活动明显加剧，手段更加多样，领域更加宽广，对我国家安全和利益构成严重威胁。同时，我核心要害领域仍然存在反间谍安全防范主体责任落实不到位、防范制度措施不健全等问题。通过制定规定，依法明确“防什么、谁来防、怎么防”，有利于进一步压实反间谍安全防范责任，提升全社会特别是核心要害领域的安全防范工作能力和水平。

问：规定对反间谍安全防范责任是怎样规定的？

答：规定立足构建反间谍安全防范责任体系，按照“分类管理、精准施策”思路，分别明确了不同主体的具体责任。一是按照“管行业必须管安全”的要求，明确行业主管部门应当与国家安全机关建立健全反间谍安全防范协作机制，加强信息互通、情况会商、协同指导、联合督查，履行反间谍安全防范行业监督管理责任。二是根据反间谍安全防范工作实际，明确机关、团体、企业事业组织和其他社会组织等一般单位在反间谍安全防范工作中承担主体责任，应当履行反间谍安全防范教育培训、日常管理、报告可疑情况、配合专门机关工作、应对处置突发情况等义务。三是明确重点单位在履行一般单位责任基础上，还应当承担重点责任，并建立反间谍安全防范重点单位名录制度。其中，充分考虑有关单位开展涉外、涉密工作等安全防范需要，针对性地明确了健全制度、明确职责、加强日常防范管理、做好出国（境）安全防范、定期开展教育培训、落实技术防范措施、定期进行工作自查等要求。四是突出维护网络安全和数据安全，对关键信息基础设施运营者反间谍安全防范专门责任进行了规定。

问：规定对反间谍安全防范指导工作有哪些规定？

答：一是明确了反间谍安全防范指导方式。这些方式包括：提供工作手册、指南等宣传教育材料，印发书面指导意见，举办工作培训，召开工作会议，提醒、劝告，以及其他指导方式。同时，明确了国家安全机关会同有关主管部门开展反间谍安全防范宣传教育、受理公民和组织举报等工作机制和要求。

二是明确了反间谍安全防范表彰奖励有关规定。为鼓励、引导公民和组织自觉履行反间谍安全防范责任义务，自觉同危害国家安全的行为作斗争，规定明确，对反间谍安全防范工作中取得显著成绩或者作出重大贡献的单位和个人，国家安全机关可以会同有关部门、单位给予表彰、奖励，并细化了表彰、奖励的具体情形。

问：规定对反间谍安全防范检查工作有哪些规定？

答：一是明确了反间谍安全防范检查的情形。因发现反间谍安全防范风险隐患，接到反间谍安全防范问题线索举报，依据有关单位的申请，或者因其他反间谍安全防范工作需要，经过设区的市级以上国家安全机关负责人批准，国家安全机关可以按照管理权限对机关、团体、企业事业组织和其他社会组织的反间谍安全防范工作进行检查。

二是明确了反间谍安全防范检查的方式。这些方式包括：向有关单位和人员了解情况，调阅有关资料，听取有关工作说明，进入有关单位、场所实地查看，查验电子通信工具、器材等设备、设施，反间谍技术防范检查和检测，以及其他法律、法规、规章授权的检查方式。在此基础上，规定还细化了技术防范检查检测的具体方式和工作程序，并对检查反馈作了要求。

问：单位未履行反间谍安全防范义务将承担何种法律责任？

答：为依法推动机关、团体、企业事业组织和其他社会组织履行反间谍安全防范义务，规定明确，对于落实反间谍安全防范责任存在问题的单位，国家安全机关可以依法责令限期整改。对未按照要求整改或者未达到整改要求的，国家安全机关可以依法约谈相关负责人，并将约谈情况通报该单位上级主管部门。有关单位及其工作人员未履行或者未按照规定履行反间谍安全防范责任和义务，造成不良后果或者影响的，国家安全机关可以向有关机关、单位移送问题线索，建议有关机关、单位按照管理权限对负有责任的领导人员和直接责任人员依规依纪依法予以处理；构成犯罪的，依法追究刑事责任。

问：规定在对国家安全机关执法监督方面有何规定？

答：规定总则部分明确，国家安全机关开展反间谍安全防范指导和检查工作，应当严格遵守法定权限和程序，尊重和保障人权，保护公民、组织的合法权益。同时，对履行反间谍安全防范指导和检查工作职责中知悉的国家秘密、工作秘密、商业秘密、个人隐私和个人信息，应当严格保密，不得泄露或者向他人非法提供。

规定法律责任部分明确，国家安全机关及其工作人员在反间谍安全防范指导和检查工作中，滥用职权、玩忽职守、徇私舞弊的，对负有责任的领导人员和直接责任人员依规依纪依法予以处理；构成犯罪的，依法追究刑事责任。

反间谍安全防范工作规定

FANJIANDIE ANQUAN FANGFAN GONGZUO GUIDING

经销/新华书店

印刷/北京海纳百川印刷有限公司

开本/850 毫米×1168 毫米　32 开　　印张/0.75　字数/8 千

版次/2021 年 6 月第 1 版　　2023 年 7 月第 3 次印刷

中国法制出版社出版

书号 ISBN 978-7-5216-1983-6　　定价：5.00 元

北京市西城区西便门西里甲 16 号西便门办公区

邮政编码：100053　　传真：010-63141600

网址：http：//www.zgfzs.com　　编辑部电话：010-63141673

市场营销部电话：010-63141612　　印务部电话：010-63141606